AF565232

Highlander-Kochbuch

Zauberfeder Verlag, Braunschweig, Germany

Highlander-Kochbuch

2. Auflage 2024

Deutsche Übersetzung: Stephan Naguschewski
Lektorat: Stephan Naguschewski
Historische Ausstattung: Das Tartan-Museum Spall
Fotos: Klaus Rumler (www.rumler-photo.com), mit Ausnahme der unter Einzelbildnachweise genannten
Illustrationen: Hans Maria Mole
Artdirection: Christian Schmal
Satz und Layout: Heike Philipp, Christian Schmal
Herstellung: Tara Moritzen
Druck und Bindung: Dardedze hologrāfija SIA, Riga

Einzelbildnachweise
Zauberfeder Bildarchiv, Seiten 3, 6, 12/13, 15, 17, 18, 21, 24/25, 111 · Tartan-Museum Spall (Archiv), Seite 8 · Wolfgang Angsten, Seiten 11, 16, 94 · Heike Philipp, Seite 23 · Jens Christoph (Food-Styling: Tino Kalning), Seiten 31, 58/59, 66/67, 69, 95, 106, 109 · ianachyrva (Adobe Stock), Seite 65 · euthymia (Adobe Stock), Seite 72 · Fanfo (Adobe Stock), Seite 96/97

Printed in Latvia
ISBN: 978-3-938922-94-1
www.zauberfeder.de

Highlander Kochbuch

Inhalt

Gemüsegerichte .77

Getreidegerichte .89

Nachspeisen .99

Getränke .106

Saucen .108

Einleitung

Die Highlander waren Teil der gälischen Kultur und lebten in einem Gebiet, das bis zur vernichtenden Jakobiterniederlage der gälischen Clans bei Culloden im Jahre 1746 vom Rest des Landes weitestgehend abgeschnitten war. Dieses Buch umfasst die Blütezeit der schottisch-gälischen Kultur vom Mittelalter bis zum Ende des 18. Jahrhunderts. In diese Zeitspanne fallen Einflüsse des frühen irisch-gälischen Zustroms, der Wikinger, der deutschen und holländischen Händler der Hanse und der Auld Alliance zwischen Schottland und Frankreich.

Das teilautonome Reich der Gälen umfasste sämtliches Land nördlich von Perth sowie die Inseln vor der Nord- und der Westküste bis hin zu den weit im Meer gelegenen Äußeren Hebriden sowie Orkney und Shetland. Dieses gälische Reich war ein riesiges Gebiet trügerischer Meere, sturmgepeitschter Inseln und wilden Hügellands ohne jegliche Infrastruktur. Bevor General Wade im Anschluss an die Jakobiterrevolution 380 Kilometer Militärstraßen bauen ließ, gab es keine Überlandverbindungen. Der Arm des Gesetzes reichte nicht hierher, und somit lag die gesamte Autorität bei den Clan Chieftains, von denen der Lord of the Isles der mächtigste war. Raubzüge und Streitigkeiten der Clans über Landgebiete, Vieh und Fischrechte gehörten zum täglichen Leben und auch wegen der Abgaben, die an die jeweiligen Chieftains zu verrichten waren, waren es für den größten Teil der Bevölkerung unruhige Zeiten.

Eindrückliches Zeugnis des gälischen Herrschaftsgebiets des Lord of the Isles sind die Hochkreuze und die gemeißelten Steinbildnisse der Clanvorderen und ihrer Krieger an der alten Abtei von Iona, der Wiege des Christentums in den Highlands. Das Christentum erreichte die Küste von Iona im 6. Jahrhundert mit der Anlandung des irischen Mönches St. Columban. Trotz Ionas isolierter Lage hatte das Christentum einen weitreichenden Einfluss, was man an der Anzahl der kirchlichen Fasten- und Fischtage erkennen kann.

Da nur wenige schottische Rezepte aus der Zeit vor dem 16. Jahrhunderts vorliegen, müssen Informationen über die frühere Highland-Ernährung aus archäologischen und ethnologischen Studien abgeleitet werden. Aufgrund der isolierten Lage der Highlands – sie waren an drei Seiten von der Nordsee und dem Atlantischen Ozean umgeben und standen mit dem benachbarten England auf Kriegsfuß – blieben die Kochgewohnheiten dort glücklicherweise weitestgehend unbeeinflusst. Die eingeführten Rezepte sind leicht auszumachen. Irischer, holländischer und am stärksten nordischer Einfluss stechen in der Highland-Küche hervor. Zahlreiche Gerichte von Shetland und Orkney lassen an ihren noch heute erhaltenen altnordischen Namen ihre skandinavische Abstammung erkennen. Aufzeichnungen wohlhabenderer Häuser zeigen, dass durch eine Reihe von Verheiratungen französische Gerichte wie Ragout, Frikassee und Collops ihren Weg auf die Tafeln der Chieftains fanden.

Das unwirtliche Land, die stürmischen Meere und das raue Klima bedeuteten für die meisten Highlander ein unerbittliches und entbehrungsreiches Leben, aber sie aßen sehr gesunde saisonale Gerichte, von denen die herzhafte Brühe, ohne die keine Highland-Küche vorstellbar wäre, das typischste war. Der Verzehr wärmender Eintöpfe aus Gerste, Hafer, Fisch, Kohl, Erbsen und Wurzelgemüse empfiehlt sich den Bewohnern der nördlichen Hemisphäre von selbst und die Verwendung von Meeresfrüchten, Seetang, Wildfleisch, wild wachsenden Erzeugnissen sowie getrockneten und frischen Früchten steht im Einklang mit modernen Vorlieben. Viele Rezepte, die diese Zutaten beinhalten, haben sich bis in die Neuzeit gehalten. Am auffälligsten ist für den heutigen Koch die mangelnde Vielfalt an Kräutern und Gewürzen. Aber der Highlander wusste genau, wie er mit einer Handvoll wilder Petersilie, Liebstöckel oder Dill seine Speisen perfekt verfeinerte. Viele Lebensmittel, die sich damals aus der Not ergaben, wie geräucherter und eingelegter Lachs, gelten heute als Delikatessen. Gepökelt, eingelegt oder geräuchert waren Fisch und Fleisch eine wichtige Nahrung und jeder Highlander kannte diese Konservierungsmethoden. Was jedoch einst eine lebenswichtige Notwendigkeit war, ist heute eine kulinarische Kunstform, und Zutaten wie Stockfisch und gepökeltes Rindfleisch sind nur noch selten zu bekommen. Wenn diese Zutaten für ein Rezept in diesem Buch benötigt werden, ist ein authentisches Alternativrezept aufgeführt, damit man diese schmackhaften Gerichte der Vergangenheit dennoch erleben und genießen kann.

Das tägliche Leben

Das Alltagsleben der Highlander war in Westeuropa einzigartig. Der Clan, Gälisch für „Kinder", bestimmte es und das Wohl der Highlander hing von ihren verwandtschaftlichen Banden untereinander und ihrer Loyalität zum Chieftain ab. Wegen der ständigen Streitigkeiten über Landeigentum und Viehdiebstahl war kaum ein Highlander je waffenlos anzutreffen und der Chieftain belohnte Treue im Kriegsdienst mit Landeigentum, für das er dann Abgaben eintrieb. Auf diese Pacht wurde jedoch in harten Zeiten oft verzichtet, da der Chieftain verpflichtet war, für das Wohlergehen seiner Leute Sorge zu tragen.

Wenn die Männer nicht woanders für den Chieftain arbeiteten oder im Militärdienst waren, hatten Männer und Frauen zu Hause vollauf mit der unerbittlichen Arbeit auf dem Land und in den Fischgebieten zu tun. Ohne Straßen oder Verbindungen zu Märkten war man fast vollkommen auf sich allein gestellt. Aufgaben wie das Pflügen, Mahlen, Weben von Decken, Torfstechen, Trocknen von Seetang und Aufbringen von Torf auf die Dächer sowie die Reparatur der Fischereiausrüstung wurden in Gemeinschaftsarbeit verrichtet.

Diese nie endende Vielzahl von Arbeiten erforderte, den Tag früh mit einem sättigenden Frühstück mit Porridge und Sahne, Haferkeksen und geräuchertem Fisch oder Käse zu beginnen. Das Feuer musste Tag und Nacht brennen und es brannte nie umsonst. Schon in den frühen Morgenstunden siedete im Kessel ein nahrhaftes Mittagessen: eine Gerstenbrühe auf dem Land und eine Fischsuppe an der Küste, die es stets zusammen mit Bannocks gab. Das frühe Abendessen war leichter und bestand aus Käse oder Fischgerichten mit Haferklößen oder in späteren Zeiten mit Kartoffeln. Dazu wurden Milch, Buttermilch oder Ale getrunken.

Das Leben in den Highlands war zwar hart und herausforderungsreich, aber es gab auch Tage der Freude. In den alten Zeiten wurden alle gälischen Feste gefeiert und die Chieftains bewirteten freigiebig all ihre Leute an einer riesigen Tafel, welche die ganze Länge der Halle einnahm. Es gab eine genaue soziale Rangordnung, die sich in der Platzierung und dem Essen und Trinken des Einzelnen widerspiegelte. Die Lairds saßen am Kopfende der Tafel und tranken Claret und aßen Fleisch, während ihre Clansmänner Brot, Zwiebeln, Käse und Ale bekamen. Für Unterhaltung sorgten Dichtung, Erzählungen und Gesang und bei Céilís tanzten alle Clansmitglieder den Highland Fling und den Reel zur Fidel. Junge Clansmänner bewiesen sich beim berühmten Kräftemessen, den Highland Games. Mit Baumstammwerfen, Steinestoßen und Hammerwerfen wurden Männlichkeit und Stärke ausgetestet und die Chieftains hatten Gelegenheit, ihre zukünftigen Krieger in Augenschein zu nehmen. Céilí-Tänze und Highland Games sind bis heute Bestandteil des Lebens in den Highlands und vermitteln eindrücklich eine lebhafte und pulsierende Kultur.

Die Highland-Küche

Jahrhunderte lang war in den Highlands der Mittelpunkt der Wohnstätte buchstäblich die zentrale Feuerstelle am Boden, wo sich die Familie versammelte, um sich zu wärmen und zu essen. Töpfe voll wohlschmeckender Brühe und die herzhaften Bannocks wurden über diesem Feuer zubereitet – schlicht und einfach. Das Hauptbrennmaterial Torf, direkt im Moor gestochen, brauchte zum Brennen keinen Unterzug und daher bedurfte es auch keines Rostes. Man entfachte das Feuer direkt auf den Steinplatten am Boden und der Rauch zog durch ein Rauchloch im reetgedeckten Dach ab. Demzufolge wurde hauptsächlich gekocht, geschmort und gesiedet, was nur wenig Aufsicht erforderte und zudem die bestmögliche Nutzung des Heizmaterials darstellte.

Neben den rustikalen Holz- oder Korbmöbeln waren ein Deckenbalken, der den gesamten Raum überspannte und zum Aufhängen der gusseisernen oder bronzenen Kessel und Töpfe diente, sowie Haken am Rahmen des Rauchloches zum Räuchern von Fisch und Fleisch die dominierenden Merkmale dieser einfachen Küche. Der Suppenkessel hing an der Kette über dem Feuer und ein dreibeiniger, gusseiserner Topf mit gut schließendem Deckel wurde zum Backen von Gerichten wie Stovies und Pies in der Glut verwendet. Girdles, typisch schottische Eisenpfannen, und Roste wurden zum Rösten und Braten verwendet, da Highlander ihr Essen gut durch mochten. Die Handhabung der enorm schweren, heißen Kessel ist für den modernen Koch kaum vorstellbar – die größten Kessel fassten bis zu 45 Liter. Erst viel später lösten Kamine auf den Giebelseiten diese Küchengestaltung ab. Das brachte auch die Einführung eines Schwingarmes, des „sway“ mit sich, welcher die Verwendung der eisernen Töpfe über dem Feuer sehr erleichterte.

Noch im 18. Jahrhundert fand man Herde nur in den Häusern der Begüterten, und obwohl sich die Küchen der Highland Chieftains mit ihren riesigen Feuerstellen, Backöfen und Herden kaum von denen des europäischen Adels unterschieden, wurden die ungesäuerten Oatcakes und Bannocks traditionell noch immer auf dem Backstein oder einer flachen Eisenplatte, die über dem glühenden Feuer hing, gebacken. Diese gemeinsame Backtradition zeigt Schottlands keltische Verbundenheit zu Irland, Wales und der Bretagne.

Und noch etwas fiel an der schottischen Küchenausstattung auf: Sie schöpfte aus natürlichen Ressourcen. Aufgrund der dürftigen Infrastruktur hatten die Highlander kaum Zugang zu den schottischen Märkten, wo man hätte Tonwaren kaufen können, und so behalf man sich mit einer Vielzahl von Kisten, Schalen, Tellern, Servierplatten, Teigrollen, Stampfern, Eierbechern, Löffeln und Quirlen, die alle aus Birken- oder Buchenholz gedrechselt wurden. Trinkgefäße, „Quaichs" genannt, wurden kunstvoll aus Dauben verschiedener Hölzer gefertigt und mit Tierhäuten, Glas und Silber verziert. Aus diesen hoch geschätzten Gefäßen wurde auch das „wee dram" Whisky getrunken. Die Highlander waren sehr geschickt in der Herstellung von Flecht- und Korbwaren. Schalen, Platten und Kisten aus geflochtenem Gras, gefüllt mit Lebensmitteln, wurden in Korbschränken aufbewahrt. Im 17. Jahrhundert gab es an den prächtigen Tafeln der Highland Chieftains schon Gabeln, der gewöhnlichen Bevölkerung standen sie allerdings erst wesentlich später zur Verfügung. Das Essen wurde in jener Zeit mit dem Messer aufgespießt oder von Löffeln gegessen. Löffel und Schöpfkellen wurden aus Horn gefertigt und traditionell wurde Porridge aus einer Birkenschale mit einem Hornlöffel gegessen.

Zutaten

Fleisch und Geflügel

Dank des Klimas und ihrer Graslandschaften boten die Highlands natürliche Weidegebiete für die einheimischen kleinen Rinder und Schafe, und da die Anbaumethoden schlicht waren, musste der Viehbestand dann im Herbst verringert werden. Viehtriebe über endlose Moorlandschaften zu den Märkten im Süden waren die wirtschaftliche Konsequenz, und da Reichtum am Viehbestand gemessen wurde, war Viehdiebstahl an der Tagesordnung.

Seit alters her spielte Fleisch für die Ernährung aller Bewohner der Highlands eine große Rolle, aber während die Lairds weiterhin große Mengen an Fleisch verzehrten, basierten die Speisen ihrer Pächter spätestens ab Mitte des 16. Jahrhunderts auf Gerste und Hafer. Fleisch war sehr wertvoll geworden, da Pacht und Abgaben dem Laird in Sachleistungen verrichtet wurden. Das gepökelte Fleisch der einfachen Bevölkerung musste für eine lange Zeit vorhalten und wurde in den herzhaften schottischen Brühen mit Gerste und Gemüse und manchmal in den Innereienspeisen wie Haggis verwendet. Frisches Fleisch für Collops oder Braten war den Landeignern vorbehalten oder wurde nur zu speziellen Anlässen verzehrt.

Die bevorzugten Fleischsorten in den Highlands waren Rind- und Schaffleisch, gefolgt von Wild. Obwohl die Chieftains auf ihrem Land die Jagdrechte hatten, sahen die Highlander es traditionsgemäß weiterhin als ihr Recht an, sich den Hirsch auf dem Hügel zu schießen oder den Lachs im Fluss zu angeln. Daher fand oft gewildertes Fleisch den Weg in den Kochkessel. Frisches Fleisch war nur während der Frühlings- und Sommermonate verfügbar, wenn reichlich Gras und Seetang vorhanden waren. Nur Milch- und Zuchtvieh wurde überwintert. In Vorbereitung auf den Winter wurde Fleisch eingepökelt, geräuchert, eingelegt oder gedörrt. Gepökeltes Rindfleisch oder Wild ist heutzutage nicht mehr leicht zu bekommen, aber unser Metzger legte für meine Rezeptversuche Fleisch für fünf bis sieben Tage in einer Pökellake ein, und wer sein Rindfleisch selbst vorbereiten möchte, findet ein einfaches Rezept zum Pökeln von Fleisch in diesem Buch. Schweinefleisch fehlte auf dem Speisezettel der meisten Highlander völlig. Die Kleinbauern züchteten jedoch Schweine, um das eingelegte Fleisch zum Export oder als Zahlungsmittel zu verwenden. Mit Ausnahme der Bewohner der Regionen von Aberdeenshire, Shetland und Orkney war aber der Großteil der Bevölkerung gegenüber Schweinefleisch voreingenommen.

Vor dem 18. Jahrhundert wurden Geflügel und Eier selten vom einfachen Volk verzehrt. Die Kleinbauern hielten Hühner, um ihre Abgaben an den Laird in Form von Geflügelfleisch und Eiern zu verrichten, schlachteten aber nur in Ausnahmefällen mal einen Hahn, zum Beispiel um mit Cock-a-Leekie oder Nettle Kail das Frühlingsfest zu feiern. Auf Orkney war es üblich, Gänse zu halten, die in den Kaminen geräuchert oder trockengesalzen wurden, und Seevögel stellten eine wichtige Ergänzung für die Küstenbewohner dar. Wildvögel waren für die Pasteten und Braten der Oberschicht reserviert, und da Wildtauben sehr beliebt waren, hatten fast alle schottischen Burgen ihre eigenen Taubenbruttürme.

Fisch und Schalentiere

Fisch war eines der Hauptnahrungsmittel derjenigen, die entlang der Nordsee- und Atlantikküste, an den Ufern der Inlandseen und an den schnell fließenden Flüssen lebte. Süßwasser- und Meeresfische gab es in Hülle und Fülle und die Schotten waren Experten darin, sie zu konservieren. Sie hatten die lebensnotwendige Kunst der Fischhaltbarmachung mittels Salzen, Lufttrocknen und Heißräuchern von den Wikingern gelernt, die vom 9. Jahrhundert bis ins Mittelalter den größten Teil der nordwestlichen Highlands und der Inseln besetzten. Im Mittelalter und darüber hinaus waren Lachse während ihrer Flusswanderungen so zahlreich, dass sie in riesigen Mengen mit Netzen gefangen wurden und die ärmere Bevölkerung als

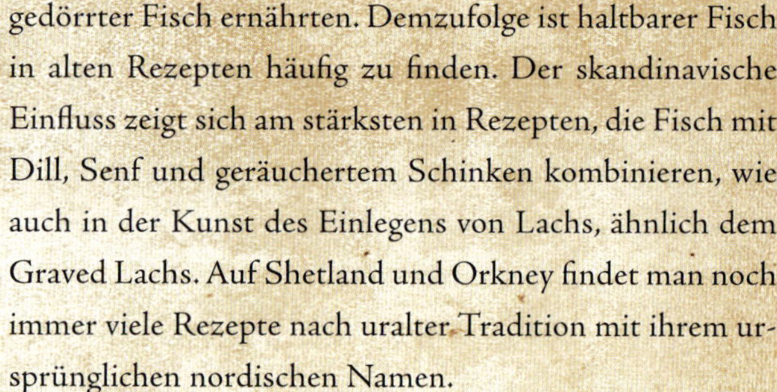

gedörrter Fisch ernährten. Demzufolge ist haltbarer Fisch in alten Rezepten häufig zu finden. Der skandinavische Einfluss zeigt sich am stärksten in Rezepten, die Fisch mit Dill, Senf und geräuchertem Schinken kombinieren, wie auch in der Kunst des Einlegens von Lachs, ähnlich dem Graved Lachs. Auf Shetland und Orkney findet man noch immer viele Rezepte nach uralter Tradition mit ihrem ursprünglichen nordischen Namen.

Der Fischfang war im Nordwesten der Highlands sowie auf Shetland und Orkney eine zentrale Einnahmequelle. Luftgetrockneter Fisch (Stockfisch), gesalzener Kabeljau, trockengesalzener Lachs und Hering waren die wichtigsten Güter für den Handel mit den deutschen und holländischen Kaufleuten der Hanse. Die Holländer, stets sehr daran interessiert, die Fülle der schottischen See auszuschlachten, führten im 14. Jahrhundert gesalzenen Hering in Fässern ein, was den Heringsboom im 18. und 19. Jahrhundert beschleunigte. Gesalzener Hering wurde ein Billignahrungsmittel, das in der Ernährung der Highlander über Jahrhunderte eine große Rolle spielte und eine perfekte Kombination mit der Kartoffel abgab.

Während der Fischsaison riskierten die Männer ständig auf offenen Booten ihr Leben, um in den trügerischen Meeren Kabeljau, Lengfisch, Lumb, Seelachs, Schellfisch, Hering,

Makrelen und Lachs zu fangen, und kein bisschen ihrer hart erarbeiteten Fänge wurde verschwendet. Die Fischteile, die heutzutage nicht mehr verwendet werden, wie Kopf, Leber und Rogen, wurden sämtlich zu wohlschmeckenden Gerichten verarbeitet, bevor der frische Fisch für den Markt haltbar gemacht oder im häuslichen Kamin geräuchert wurde.

In den Sommermonaten ernährten sich die Ärmeren von Schalentieren – heute eine teure Delikatesse – und die Fülle an Austern, Hummern, Krebsen, Muscheln (z. B. Herzmuscheln und Wellhornschnecken) sowie Rasiermesserfischen wurde einfach so für sich gegessen, zu Füllungen verarbeitet oder in Suppen verwendet, um den Nährwert zu erhöhen. Die Wohlhabenderen verwendeten Austern für Saucen zu Fleischgerichten. Die Austern waren so groß, dass die Highlander ihre Schalen oft als Trinkschalen benutzten.

Angesichts der Tatsache, dass zahlreiche Fische und Schalentiere heutzutage als Delikatessen oder gar als Glücksfang gelten, sind viele der Meeresfrüchtegerichte ein echter Leckerbissen. Getrockneten oder geräucherten Fisch, der für einige Rezepte authentisch ist, sind normalerweise beim Fischhändler erhältlich. Ansonsten finden sich auch Rezepte zum Einlegen und Einsalzen in diesem Buch.

Milchprodukte und Eier

Die Highlander verarbeiteten die Milch ihrer riesigen Viehherden zu Quark, Molke, stark gesalzener Butter und Käse. Viele alte Rezepte basieren auf diesen Zutaten. In den Küstenregionen, wo die Leute auf geräucherten oder gesalzenen Fisch und Seetang angewiesen waren, wurde Milch als Süßungsmittel gegen den Salzgehalt verwendet. Milch war auch die Grundzutat vieler Schalentier- und Gemüsesuppen. Andere Gerichte, die auf dem allgegenwärtigen Hafer basierten, wurden mit Sahne und Buttermilch angereichert, und Hüttenkäse wurde gern zu den trockenen Oatcakes und Bannocks gegessen.

Kühe, Ziegen und Schafe wurden gemolken und man zog Schafmilch der Kuhmilch zur Käseherstellung vor. Zwei frühe Käsesorten der Highlands, die noch heute produziert werden, sind der Caboc und der Crowdie. Der Ursprung des scharfen, säuerlichen Crowdie findet sich vermutlich bei den Lehnsbauern des Grafen von Sutherland, während der cremige Caboc zuerst von Matiotta de Ile, der Tochter des Lord of the Isles im 15. Jahrhundert, hergestellt wurde. Zur Geschmacksverbesserung wurden diesen Käsesorten Salz, Hafermehl, Kümmel und Senf zugefügt.

Frische Butter war nur im Sommer erhältlich, daher wurde sie mit Salz vermengt in den Torfmooren gelagert, um im Winter wieder mit frischer Milch verbuttert zu werden, sodass das Salz in der Buttermilch verblieb. Buttermilch war ein beliebtes Getränk und wurde zu Porridge gereicht.

Eier waren für die meisten mittelalterlichen Kleinbauern ein seltener Genuss und wurden nur zur Herstellung von Pudding und zum Glasieren von Bannocks anlässlich gälischer Feiertage verwendet.

Gemüse

Für die einfachen Leute, die am Rande des Existenzminimums lebten, war Gemüse ein wahrer Luxus. Das harte Klima, der karge Boden und die kurze Wachstumssaison zwangen die Menschen, sich ganz auf den Anbau von Hauptnahrungsmitteln wie Gerste und Hafer zu konzentrieren. Was immer an Gemüse angebaut oder gesammelt werden konnte, landete in Suppen oder Brühen, über Jahrhunderte die Hauptpfeiler der Highland-Küche. Sehr viel seltener wurde es als Beilage zu Fleisch- und Fischgerichten verwendet.

Es wurden vor allem Grünkohl und Erbsen, später auch Rüben und Kartoffeln kultiviert. Die Bewohner von Caithness und den nördlichen Inseln bauten den winterharten Grünkohl (kail) an. Schon lange vor dem 15. Jahrhundert wurde Grünkohl in Einfriedungen, den sogenannten Kailyards angepflanzt, und das sogar bei den ärmsten Leuten, die auf Moorland lebten, das nicht beackerbar war. Grünkohl konnte man bereits im November essen, wenn die Frühjahrs-, Sommer- und Herbsterträge aufgebraucht waren, und er war eine wesentliche Quelle für Vitamin C. Die Bedeutung des Grünkohls ist an der Vielzahl der überlieferten Rezepte und Anekdoten, die ihn zum Gegenstand haben, abzulesen.

Erbsen wurden auf den reicheren Böden der östlichen Küstengebiete von Easter Ross und Orkney angebaut, wo sie in getrockneter Form in Brühen, als Erbsenbrei und als Erbsenmehl-Bannocks eine wichtige Proteinquelle darstellten. Auf den von den Wikingern beeinflussten Inseln Shetland und Orkney wurden Erbsen häufig in einer klassisch skandinavischen Kombination mit Schweinefleisch verwendet.

Größere Bauern bauten verschiedene Wurzelgemüse und auch Lauch und Zwiebeln an. Lauch war ein beliebtes Gemüse und wurde gern zur Verfeinerung von Brühen genutzt. Die berühmteste ist die traditionelle Hühner-Lauch-Suppe Cock-a-Leekie.

Die Einführung der Kartoffel und der Steckrübe im 18. Jahrhundert revolutionierte den zuvor auf Gerste und Hafer basierenden Speisezettel der Highlander. Mitte des 18. Jahrhunderts hatten vor allem die Kartoffel, aber auch die Rübe die Oberhand gewonnen, woraus zahlreiche Kartoffelrezepte wie Stovies, Colcannon und natürlich Hering mit Kartoffeln entsprangen.

Wegen des unfruchtbaren Landes war Gemüse knapp, und das brachte auch eine ernsthafte gesundheitliche Gefahr mit sich – es drohte die Mangelerkrankung Skorbut. Um dem entgegenzuwirken, bedienten sich die Highlander so reichlich wie möglich aus der Speisekammer der Natur, die während der Frühjahrs- und Sommermonate überquoll. Man nutzte junge Brennnesseln und wilden Spinat anstelle von Weißkohl, Pflanzen wie Sauerampfer, Löwenzahn, Kresse und Liebstöckel wurden im Salat verzehrt und wilder Sellerie, wilde Karotten, wilde Zwiebeln und Pastinaken für den Suppentopf gesammelt. Die Bewohner der Atlantikküste sammelten hochnährstoffhaltigen Knorpel- und Lappentang für Suppen und Gelees, die sie in der Regel mit Milch vermischten.

Korn und Getreide

Aufgrund des Klimas und der Anbauverfahren wurde in Schottland bis zu den Verbesserungen in der Landwirtschaft im 18. Jahrhundert nur wenig Weizen kultiviert. Da das Klima in den Highlands besonders rau war, wurden vor allem die robuste Gerstenart Bere und Hafer, der auch kaltem Klima standhält, angebaut. Diese Getreidesorten waren in jeder Mahlzeit enthalten – als Haferporridge oder Haferschleim zum Frühstück, als sättigende Gerstenbrühe zum Mittag- oder Abendessen, sogar Füllungen, Glasuren und Saucen wurden fast immer auf Hafermehlbasis hergestellt.

Wie erwähnt buk man die Oatcakes und Bere Bannocks, die zu den Mahlzeiten verzehrt wurden, auf einer Steinplatte im Ofenraum oder auf einer runden gusseisernen Platte über dem offenen Feuer. Die Grundzutaten waren Hafer- oder Beremehl, Salz, Wasser und, wenn möglich, etwas Fett – ein Rezept, das überall umgesetzt werden konnte.

In den Aufzeichnungen Jean Froissarts, eines Chronisten aus dem 14. Jahrhundert, findet sich eine wundervolle Beschreibung davon, wie schottische Soldaten ihre Oatcakes während des Feldzuges gegen die Engländer buken. Er berichtet, wie die Engländer ihre Brote in von Regen und Pferdeschweiß durchweichten Satteltaschen transportierten, während die Schotten ihre Metallplatten und Beutel mit Hafermehl dabei hatten. Sie erhitzten diese Platten über einem Feuer und gaben dann einen Hafermehlteig darauf, um einen dünnen Fladen zu backen, der sie aufwärmen und ihnen die Mägen füllen würde. Froissart schließt: „Es ist kein Wunder, dass die Schotten länger marschieren konnten als andere Männer."

Gerste kam später immer mehr aus der Mode und wird heute fast ausschließlich in der Getränkeindustrie und als Viehfutter verwendet. Man kann dieses wohlschmeckende und äußerst nährstoffhaltige Getreide jedoch in Supermärkten als Graupen kaufen, die ideal für alle Brüherezepte sind. Beremehl ist selbst in Schottland schwerer erhältlich, aber gute Reformhäuser führen es. Notfalls kann man für alle Bannock-Rezepte anstelle von Beremehl auch Hafermehl verwenden. In unserem Zeitalter der bewussten Ernährung ist interessant, dass Hafer und sogar mehr noch Gerste Beta-Glucan enthalten, das zur Verringerung des Cholesterins empfohlen wird, und beide außerdem hochwertige Quellen löslicher Ballaststoffe sind.

Den wenigen Weizen, den es gab, verwendeten die Stadtbäcker und die Köche in den Clansburgen zur Herstellung von gesäuerten Broten, Pies, Pasteten und Butterkeksen wie dem berühmten Shortbread.

Honig und Zucker

Honig wurde als Süßungsmittel, Konservierungsmittel und Medizin hoch geschätzt und von wilden Bienenvölkern gesammelt. Diese produzierten eine große Vielfalt an Honigsorten, unter denen der Heidehonig der begehrteste war. Man mischte Honig mit Essig und Senf, um Fisch und Fleisch zu konservieren, nutzte ihn zum Süßen von Brose und Porridge und buk ihn zu besonderen Anlässen in die Bannocks mit ein.

Auch getrocknete Früchte wurden als Süßungsmittel verwendet, besonders am Michaelistag, an dem sie z. B. für die Preiselbeer-Struans genommen wurden.

Mit Einrichtung der europäischen Kolonien war Zucker ab etwa 1650 leichter erhältlich. Glasgow wurde im 18. Jahrhundert Britanniens größter Zuckerimporteur, trotzdem wurde Zucker nur von den wohlhabenderen Leuten verwendet. Die Damen der reichen Häuser machten es sich zum Zeitvertreib, Früchte in Gelee, Sirup, Marmelade und Pasten für den Gebrauch während der Wintermonate haltbar zu machen, woraus einige der ersten schottischen Rezeptsammlungen entstanden.

Früchte und Nüsse

Frisches Obst kam auf dem frühen schottischen Speisezettel fast gar nicht vor und wurde oft für Krankheiten verantwortlich gemacht, daher wurde Obst meist als Kompott oder konserviert gegessen. In den Highlands wuchsen wilde Erdbeeren, Himbeeren, Preiselbeeren und Blaubeeren im Überfluss, welche die Highlander den Sommer über aßen. So nahmen sie das Vitamin C auf, das sie so dringend brauchten.

Vor 1650 waren Beeren einer der wichtigsten Süßstoffe, wobei sie nur selten beim Kochen eingesetzt wurden. Preiselbeeren und Blaubeeren wurden für den Gebrauch im Winter getrocknet und fanden in Hafer- und Gerstenfladen

Verwendung. Um 1600 wurden die ersten Kulturfrüchte wie Äpfel, Birnen und Zwetschgen in den ummauerten Gärten der großen Häuser in den westlichen Highlands angepflanzt. Die Damen der Häuser beschäftigten sich mit der Haltbarmachung des Obstes.

Haselnüsse wurden geröstet gegessen und für den Winter eingelagert, nicht selten zu Mehl vermahlen, um sie in Zeiten von Ernteausfällen ersatzweise verwenden zu können.

Kräuter und Gewürze

Da Gewürze, die in England seit dem Mittelalter immer beliebter wurden, in den Highlands noch immer Luxusgüter waren, würzten die Highlander ihre Gerichte sehr moderat. Die wenigen Gewürze, die sie benutzten, verfeinerten die Gerichte nur etwas, ohne je den eigentlichen Geschmack der Hauptzutaten zu überdecken. Mit Salz oder Essig konservierte Lebensmittel brauchten sowieso kaum andere Gewürze.

Petersilie und Liebstöckel waren jahrhundertelang die gebräuchlichsten Kräuter in der Highland-Küche. Liebstöckel war mit seinem starken herzhaften Geschmack perfekt für Brühen und Fischgerichte, während Petersilie häufiger wegen ihres frischen Aromas verwendet wurde. Thymian und Minze wurden, ähnlich wie heutzutage ein Bouquet garni, für Eintöpfe mit Lamm und Huhn benutzt.

Die Verwendung von Dill und Meerrettich lässt den Einfluss der Wikinger erkennen und man findet beides für gewöhnlich in der Kombination mit Senf, fast immer für die Zubereitung von Fisch. Mit seinem scharfen Aroma war Senf ein sehr beliebtes Gewürz, das schon im 14. Jahrhundert im englischen *Forme of Cury* Erwähnung findet, es waren jedoch die natürlichen Konservierungsstoffe, die Senf so überaus wertvoll machten. Die enthaltenen ätherischen Öle hemmen das Wachstum von Bakterien und Schimmel. Gemahlene getrocknete Senfkörner mit Alegar und oft auch Honig oder Wacholderbeeren ergaben ein würziges Konservierungsmittel, ideal für Fisch und Schweinefleisch. Wacholder wurde, wie auch heute, oft an Fleischgerichte gegeben oder anstelle von Pfefferkörnern verwendet.

Alegar ist ein Malzessig aus gemälzter Gerste, der nicht nur zum Einlegen von Fleisch und Fisch verwendet wurde, sondern auch um dem Salzgehalt entgegenzuwirken, zum Beispiel in Seetangrezepten. In den Küstenregionen nahm man getrockneten Seetang zum Würzen milder Gerichte wie Kartoffelbrei oder als Relish, frischen Seetang kochte man als Salzersatz zusammen mit Fisch.

Fette

In den frühen Rezepten aller nordeuropäischen Küchen waren typischerweise Butter, ausgelassenes oder ausgekochtes Fett und Talg die Fette, die Verwendung fanden.

In einer Küche, in der über der offenen Feuerstelle gekocht wurde, wurde Fett von der Oberfläche der Kessel mit Brühe oder gekochtem Schaf- oder Rindfleisch abgeschöpft. Die eigentlich üblichere Methode, das Fett beim Braten von Fleisch zu sammeln, war nur in den Häusern der Wohlhabenden, die Bratspieße und Öfen besaßen, umsetzbar. Wegen der allgemeinen Abneigung gegen Schweinefleisch waren Schweineschmalz und Schinkenfett weniger üblich, allerdings durchaus gebräuchlich auf Shetland und Orkney. Stark gesalzene Butter wurde ganzjährig verwendet.

Aus den Regionen um das Herz und den Lenden wurde Tieren Talg entnommen, dann getrocknet, zerkleinert und in schmackhaften, gehaltvollen und sättigenden Gerichten mit Hafermehl verarbeitet.

Getränke

Die Abteilung Getränke muss natürlich mit dem berühmtesten schottischen Produkt beginnen, dem Malt Whisky. Das Wort „Whisky" stammt vom Gälischen „uisge beatha", zu Deutsch „Wasser des Lebens". Er wurde von sachkundigen Einheimischen aus gemälzter Gerste hergestellt. Die früheste schriftliche Erwähnung findet sich in einer Anweisung König James IV. aus dem Jahr 1494, „aqua vitae" aus Malz herzustellen. Vermutlich kam der König erstmals während seines Feldzuges gegen den Lord of the Isles am Anfang jenes Jahres in den Genuss von „uisge beatha". Whisky wurde von allen Männern der Highlands getrunken. Man sagt ihnen sogar nach, dass sie stets ein Schafbockhorn mit uisge beatha mit sich führten. Whisky wurde nicht zum Kochen verwendet, da er als zu kostbar erachtet wurde. In dem kalten, feuchten Klima Schottlands galt es als gesundheitsfördernd, Whisky zu trinken. Im Folgenden findet sich ein Rezept für das uralte, auf Whisky basierende Getränk Atholl Brose, das den Offizieren und Unteroffizieren des Infanterieregiments Argyll and Sutherland Highlanders zu Hogmanay, dem Silvesterfest, kredenzt wurde.

Neben der beliebten Milch und Buttermilch war Ale das verbreitetste Getränk in den Highlands. Zwar waren die Kleinbauern mit der Gärung von Gerste für die Ale-Herstellung vertraut, aber das hart erarbeitete Getreide war kostbar, daher wurde die Gerste sparsam eingesetzt und mit Heidekraut, Kiefernadeln und Seetang vermischt, was Ales mit besonderem Geschmack ergab.

Kapitel 1

Fleischgerichte

Gerstenbrühe mit Rindfleisch

Rind- und Schaffleischbrühen waren, quer durch alle sozialen Ränge, die Grundpfeiler der Ernährung in den Highland-Familien.

Zutaten für 6 Personen

180 g Perlgerste
1 kg Rinderbeinfleisch (Unterbein) am Knochen *oder* gepökelter Rollbraten (über Nacht in Wasser einlegen)
1 große Zwiebel, gehackt
1 Stange Lauch, gewürfelt
200 g Karotten, gewürfelt
200 g Kohlrüben, gewürfelt
200 g Grünkohl, fein geschnitten
2 EL Liebstöckel
Gewürze nach Geschmack (Gepökeltes Fleisch nicht mehr salzen!)

Die Gerste über Nacht einweichen, abspülen und abgießen. Das Fleisch, die Gerste und die Zwiebeln in einen großen Topf geben und mit Wasser bedecken. Zum Kochen bringen und mindestens 1 Stunde lang leicht sieden lassen, zwischendurch den Schaum abschöpfen, damit die Brühe klar bleibt. Das Gemüse und den Liebstöckel dazugeben und eine weitere halbe Stunde sieden lassen. Das Fleisch herausnehmen, vom Knochen lösen, zerkleinern und wieder zurück in die Brühe geben. Nach Belieben würzen und mit *Oatcakes* (siehe S. 96) oder *Bere Bannocks* (siehe S. 94) servieren.

Pökeln von Fleisch

Falls mal kein Fleischer zu finden ist, der einem das Rind einpökelt, ist hier ein Rezept zum Selbermachen.

Alle Zutaten für die Pökellake zum Kochen bringen, bis sich Zucker und Salz aufgelöst haben. Vom Herd nehmen und (eventuell über Nacht im Kühlschrank) kalt werden lassen. Das Fleisch in die Lake geben (muss ganz bedeckt sein) und das Ganze 5–7 Tage im Kalten stehen lassen.

Zutaten

5 l Wasser
500 g brauner Zucker
1 kg grobes Meersalz
1 TL Wacholderbeeren
1 Zweig Thymian
150 g Salpeter (optional)
1–2 kg Rinderrollbraten oder Zunge

Gepökeltes Fleisch mit Karotten

In den langen kalten Wintermonaten wurden gepökeltes Rind- und Hammelfleisch sowie Wild verzehrt, und dazu passte hervorragend süßes Wurzelgemüse.

Zutaten für 4 Personen

1 kg gepökeltes Fleisch
8 Karotten, gewürfelt
2 Zwiebeln, gewürfelt
1 Bund Thymian

Das gepökelte Fleisch vor dem Kochen für 24 Stunden in kaltes Wasser legen, zwischendurch das Wasser mehrere Male wechseln. Alle Zutaten in einen Topf geben, gut mit Wasser bedecken und 1½ Stunden lang leicht sieden lassen. Mit *Colcannon* (siehe S. 78) servieren.

Beef Stovies

Reste vom Hough oder gepökeltem Fleisch wurden in einem dicht schließenden, schweren Topf in der Glut zu Beef Stovies verarbeitet. Ein einfaches, aber sehr schmackhaftes Gericht.

Zutaten für 4 Personen

50 g Rinderschmalz oder Butter
2 große Zwiebeln, gewürfelt oder in Scheiben
750 g Kartoffeln, geschält und in dicke Scheiben geschnitten
5 EL Hough oder zerkleinertes Pökelfleisch
1 TL Thymian, getrocknet
Salz
5 EL Rinderbrühe

Das Fett in einem Topf schmelzen und die Zwiebeln darin goldgelb andünsten. Die Kartoffelscheiben und das Fleisch darüber schichten, das Ganze mit Thymian und Salz (nicht bei Verwendung von Pökelfleisch) abschmecken und mit der Brühe angießen. Den Topf mit dem Deckel gut verschließen und alles bei schwacher Hitze garen (etwa 1 Stunde). Sollten die Kartoffeln am Boden kleben, einfach etwas Brühe nachgießen.

Potted hough

Zutaten für 6 Personen

1 kg Beinfleisch (Unterbein) am Knochen
1 Rinderknochen
Salz

Das Fleisch und den Knochen in einen Topf geben, mit Wasser bedecken und 5 Stunden lang leicht köcheln lassen, bis das Fleisch sehr weich ist. Anschließend aus der Brühe nehmen und diese beiseitestellen. Das Fleisch vom Knochen lösen und zerkleinern. Die Brühe durch ein Sieb in einen anderen Topf gießen, erkalten lassen und das Fett abschöpfen. Das Fleisch zurück in die Brühe geben, weitere 10 Minuten sieden lassen und nach Belieben abschmecken. Jetzt das Fleisch erneut abgießen, in eine angefeuchtete Ton- oder Glasform geben und mit der Brühe bedecken. Über Nacht in den Kühlschrank stellen und fest werden lassen. Kalt mit *Oatcakes* (siehe S. 96) und scharfem Senf servieren.

Hotch Potch

Dieser Eintopf mit Lamm holte das Beste aus dem Frühsommergemüse heraus und wurde mit Bere Bannocks oder Oatcakes serviert.

Zutaten für 6 Personen

1 kg Lamm, Halsgrat
1 Markknochen
2 Kohlrüben oder Steckrüben
4 Karotten
1 Bund Frühlingszwiebeln
400 g dicke Bohnen
300 g frische Erbsen
Spinat
1 Bund gehackte Brennnesseln oder
1 Bund gehackter Liebstöckel
1 TL frische Petersilie
1 TL frische Minze

Das Fleisch und den Knochen in einen Topf geben, gut mit Wasser bedecken und zum Kochen bringen. Zwischendurch immer wieder den Schaum und das Fett abschöpfen, damit die Brühe klar bleibt.

Nach 1 Stunde Siedezeit die geschnittenen Rüben, Karotten, Zwiebeln und Bohnen sowie die Hälfte der Erbsen dazugeben und weitere 30 Minuten zugedeckt sieden lassen. Jetzt alles bis auf die frischen Kräuter zufügen und nochmals 30 Minuten köcheln lassen. Zum Schluss den Knochen entfernen, die Kräuter und das klein geschnittene Fleisch dazugeben und mit *Bere Bannocks* (siehe S. 94) oder *Oatcakes* (siehe S. 96) servieren.

Hammelpastete

Haltbare Pasteten mit Deckel waren in ganz Schottland sehr beliebt. Die Kruste der Pastete wurde traditionell mit heißem Wasser hergestellt.

Zutaten für 4 Personen

Für die Pastete

450 g Mehl
100 g Schweineschmalz
1 Prise Salz
1 Ei

Für die Füllung

500 g Lammhackfleisch
1 Zwiebel, fein gehackt
1 TL Thymian
1 EL Liebstöckel oder Petersilie, fein gehackt
½ TL Salz
4 EL Brühe

Den Ofen auf 180 °C vorheizen. Die Zutaten für die Füllung, bis auf die Brühe, gut vermengen. Ein Backbrett bemehlen. Das Schmalz schmelzen und zusammen mit 300 ml kochendem Wasser und einer Prise Salz dem Mehl zufügen und schnell zu einem Teig verarbeiten. Ein Viertel des Teiges in ein Küchentuch einschlagen und warm halten. Den restlichen Teig dünn ausrollen, eine Kastenform damit auslegen, die Füllung in die Pastete geben und die Brühe darübergießen. Aus dem warm gehaltenen Teig einen Deckel ausrollen, auf die Pastete geben und gut zusammendrücken. Zwei Einschnitte in den Deckel machen, damit der Dampf beim Garen austreten kann. Mit dem Ei bestreichen und 30–45 Minuten im Ofen garen, bis die Pastete goldbraun ist.

Haggis

Haggis ist Schottlands altes Gegenstück zur Wurst. Traditionell wird es aus mit Innereien, Schmalz und Hafermehl gefülltem Schafmagen gemacht. Alternativ kann auch Wild verwendet werden.

Zutaten für 4 Personen

1 Reh- oder Lammherz
100 g Reh- oder Lammleber
100 g zerkleinerter Rindertalg
2 Zwiebeln, fein gehackt
225 g Hafermehl
2 EL Petersilie, fein gehackt
250–300 ml Rinderbrühe
1 TL Essig
1 ½ TL Salz

Das Herz und die Leber 30 Minuten lang kochen, dann abgießen und das Fleisch zusammen mit dem Rindertalg und den Zwiebeln durch den Wolf drehen. Hafermehl, Petersilie, Rinderbrühe, Essig und Salz zugeben. Die Mischung sollte feucht, aber nicht nass sein. Das Ganze vorsichtig in eine Puddingform füllen, daran denken, dass die Masse beim Garen noch aufgeht. Ein Musselintuch über die Form geben und mit einem Gummiband befestigen. Die Form in einen Topf mit heißem Wasser stellen (die Form sollte zu drei Vierteln im Wasser stehen) und 1 ½ Stunden sieden lassen.

Mit *Colcannon* (siehe S. 78) und Bratensaft servieren.

Mock haggis

Dies ist ein Ersatzrezept, für das man keine Innereien vorzukochen braucht.

Zutaten für 4 Personen

250 g Reh- oder Lammleber
125 g zerkleinerter Rindertalg
200 g Hafermehl
60 g Haferflocken
2 Zwiebeln, fein gehackt
75 ml Brühe
½ TL Salz
1–2 EL Petersilie, gehackt

Alle Zutaten durch den Fleischwolf drehen, gut vermengen und in eine Puddingform füllen. Ein Musselintuch über die Form geben und mit einem Gummiband befestigen. Die Form in einen Topf mit heißem Wasser stellen (die Form sollte zu drei Vierteln im Wasser stehen). 2 Stunden lang mit geschlossenem Deckel sieden lassen. Mit *Colcannon* (siehe S. 78) und Grünkohl servieren.

Wildeintopf

Zutaten für 4 Personen

1 Zwiebel, in Scheiben geschnitten
2 Knoblauchzehen
1 EL Schmalz
1 kg Wild
1 Selleriestange, gewürfelt
2 Karotten, gewürfelt
1 Kohlrübe, gewürfelt
1 Lauchstange, gewürfelt
1–2 EL Honig
500 ml dunkles Bier
3 Zweige Thymian
6 Wacholderbeeren
Salz

Die Zwiebeln und die ganzen Knoblauchzehen in dem heißen Schmalz goldgelb andünsten, dann den Knoblauch entfernen. Das Fleisch zugeben und hellbraun anbraten. Anschließend die restlichen Zutaten hinzugeben und das Ganze auf kleiner Flamme 1 Stunde lang (eventuell etwas länger) garen. Mit *Colcannon* (siehe S. 78) servieren.

Wildpastete

Diese Pastete wurde traditionell mit Hirsch- und Hundemotiven verziert.

Zutaten für 6 Personen

Für die Füllung

500 g Wildfleisch, fein gewürfelt
400 g Tauben- oder Hasenfleisch, fein gewürfelt
40 g Mehl, vermischt mit ½ TL Senfpulver
etwas Butter
1 Zwiebel, fein gehackt
2 EL Schmalz oder Butter
600 ml Rinder- oder Wildfond
1 TL Essig
2 EL Petersilie, gehackt
1 TL Thymian
100 g Preiselbeeren, getrocknet
6 Wacholderbeeren

Für die Pastete

500 g Mürbeteig (fertiger Pastetenteig)
1 Ei oder etwas Milch

Das Fleisch im Mehl wenden und in Butter leicht anbraten. Alle anderen Zutaten hinzugeben und 15 Minuten lang garen lassen. Diese Mischung in eine Pastetenform füllen.

Den Pastetenteig ausrollen, über die Form legen, die überstehenden Ränder abschneiden (hiermit kann die Pastete verziert werden) und schmale Einschnitte in den Teigdeckel machen.

Die Pastete mit Ei oder Milch bestreichen und 45 Minuten lang im vorgeheizten Backofen bei 180 °C backen.

Mit *Colcannon* (siehe S. 78) oder Grünkohl servieren.

Nettle Kail

Dieses Gericht wurde traditionell mit einem einjährigen Hahn zur Fastnacht zubereitet, um die Frühjahrsarbeit zu segnen.

Zutaten für 4 Personen

1 Suppenhuhn (1–1,5 kg)
500 g Brennnesselspitzen, ersatzweise Spinat
25 g Hafermehl
Salz und Pfeffer nach Belieben

Für die Füllung

1 kleine Zwiebel, gehackt
Butter
100 g Hafer- oder Gerstenmehl
½ TL Salz
1 EL Knoblauchblätter, gehackt
1 EL Pfefferminzblätter, gehackt

Für die Füllung die Zwiebeln in etwas Butter weich dünsten, das Hafermehl 5 Minuten mitdünsten und alles mit Salz sowie Knoblauch- und Pfefferminzblättern vermengen.

Die Füllung in das Huhn stopfen und die Beine zusammenbinden. Anschließend in einen Topf geben, mit Wasser bedecken und zum Kochen bringen. Das Huhn 1½ Stunden lang sieden lassen (bis es gar ist). Jetzt die Brennnesseln und das Hafermehl in die Brühe geben und weitere 10 Minuten köcheln. Die Brennnesseln mit einem Sieblöffel aus der Brühe nehmen und zusammen mit dem Huhn und der Füllung servieren.

Collops

Das Wort stammt vom französischen „Escalope" und lässt die jahrelange Verbindung der reichen Chieftains zum französischen Hof erkennen.

Zutaten für 4 Personen

3 Zwiebeln, in dünne Scheiben geschnitten
2 EL Butter
2 EL Verjus
2 Sardellenfilets
8 dünne Rinderfiletsteaks
Salz

Die Zwiebeln in der Hälfte der Butter goldgelb andünsten, Verjus dazugeben und die Sardellenfilets darin zergehen lassen. In einer zweiten Pfanne die Filetsteaks in der restlichen Butter kurz anbraten, bis sie gebräunt sind.

Die Bratflüssigkeit zusammen mit 2 Esslöffel Wasser in die Zwiebelpfanne geben, umrühren und nach Belieben mit Salz abschmecken. Die Filetsteaks auf den Zwiebeln servieren.

Glenfarclas
12 YEARS OLD

Cock-a-Leekie

Bei Cock-a-Leekie handelt es sich um ein uraltes Rezept für eine Suppe, die man an den Tischen besser Betuchter serviert bekam. Den mittelalterlichen Charakter kann man an der ungewöhnlichen Beigabe von getrockneten Pflaumen erkennen.

Zutaten für 6 Personen

1 Suppenhuhn
1 großer Markknochen
1 kleiner Bund Thymian, frisch, oder ½ TL Thymian, getrocknet
8 Wacholderbeeren, zerdrückt
Salz
10 Stangen Lauch, gehackt
20 Pflaumen, getrocknet und entkernt
1 TL Petersilie, gehackt

Das Huhn mit dem Markknochen, dem Thymian, den Wacholderbeeren und dem Salz in einen Topf geben und gut mit Wasser bedecken. Das Grüne vom Lauch in die Suppe geben und alles zum Kochen bringen. 2 Stunden lang (bis das Huhn gar ist) leicht sieden lassen. Das Huhn und den Markknochen aus der Brühe nehmen, diese abseihen und wieder in einen Topf geben. Das zerkleinerte Hühnerfleisch, die Pflaumen, das Weiße vom Lauch und die Petersilie dazugeben.

Das Ganze nochmals 15 Minuten köcheln lassen.

Mit *Bere Bannocks* (siehe S. 94) servieren.

Rebhuhn in Austernsauce

In der Küche der Chieftains galten Rebhühner als Delikatesse und wurden deshalb mit speziellen Austernsaucen zubereitet.

Zutaten für 4 Personen

4 junge Rebhühner
2 Knoblauchzehen
25 g Butter
4 Selleriestangen, klein geschnitten
200 ml Weißwein
6 frische Austern in der Schale

Die Rebhühner zusammen mit dem Knoblauch in der Butter braun anbraten. Die Knoblauchzehen wieder entfernen, den Sellerie zugeben und alles mit dem Wein angießen. Einen Deckel auf die Pfanne geben und die Rebhühner auf kleiner Flamme 30–45 Minuten (bis sie gar sind) köcheln lassen.

Währenddessen die Austern mit einem Messer über einer Schüssel öffnen, die Flüssigkeit hierbei auffangen. Wenn die Rebhühner gar sind, die Austern mit der Flüssigkeit in die Sauce rühren und kurz mit erwärmen.

Kapitel 2

Fischgerichte

Cullen Skink

Dieses Rezept stammt aus dem Ostküstenfischerdorf Cullen. Das schottische „skink" stammt möglicherweise aus dem Mittelniederdeutschen (schinke = Schenkel) und bezeichnet einerseits den Unterschenkel und die Suppe, die daraus gemacht wird, andererseits aber auch Suppe im Allgemeinen.

Zutaten für 4 Personen

500 g Kartoffeln
1 Zwiebel, fein gehackt
4–6 Schellfischfilets, geräuchert, ungefärbt und gehäutet
500 ml Vollmilch
200 ml Sahne
1 TL Petersilie, gehackt
40 g Butter

Die Kartoffeln schälen, in 2 cm große Würfel schneiden, mit der Zwiebel in einen großen Topf geben, 100 ml Wasser dazugeben und auf kleiner Flamme köcheln lassen, bis die Kartoffeln gar sind. Den Fisch hineingeben und bei geschlossenem Deckel 5 Minuten mitsieden.

Jetzt den Fisch im Topf in kleine Stücke zerteilen, Milch, Sahne und Petersilie hinzufügen und alles zusammen vorsichtig kurz aufkochen.

Um die Suppe etwas anzudicken, können einige Kartoffeln am Topfrand zerstampft werden. Ein paar Flocken Butter in die Suppe rühren und mit *Bere Bannocks* (siehe S. 94) servieren.

Geräucherter Schellfisch in Milch gegart und mit knusprigen Speckscheiben serviert ist als „Ham and Haddie" bekannt und eine weitere regionale Spezialität.

Tatties and Herring

Mit der Einfuhr der „Tatties" fand der salzige „Herring" seine perfekten Begleiter.

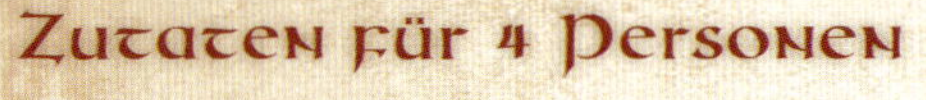

4 Salzheringe
600 g Kartoffeln, geschält
1 Zwiebel, fein geschnitten
1 EL Petersilie, gehackt

Dieses Gericht nicht salzen!

Die Heringe für 24 Stunden in Wasser einlegen, das Wasser zwischendurch immer wieder wechseln. Um den Salzgehalt zu verringern, den Hering in Wasser aufkochen, Wasser weggießen und den Hering beiseitestellen. Die dünn geschnittenen Kartoffeln mit der Zwiebel in eine Pfanne mit fest schließendem Deckel geben, den Hering auf die Kartoffeln legen und 100 ml Wasser darübergießen. Alles zum Kochen bringen und bei geschlossenem Deckel 20–25 Minuten köcheln lassen, bis die Kartoffeln gar sind. Den Fisch auf den Kartoffeln mit gehackter Petersilie servieren.

Eingelegte Forelle

Einlegen war eine gängige Methode zur Haltbarmachung von Fisch wie Hering, Makrele, Lachs und Forelle.

Die Filets vom Kopfende an einrollen und mit Holzspießchen fixieren, in ein ofenfestes Gefäß legen, mit den restlichen Zutaten bedecken und mit Alufolie abdecken. 45 Minuten lang bei 180 °C im Ofen garen. Kalt mit *Oatcakes* (siehe S. 96) oder *Meerrettichsauce* (siehe S. 108) servieren.

Zutaten für 4 Personen

4 Forellenfilets mit Haut
150 ml Alegar (Malzessig)
150 ml Wasser
1 Zwiebel, in dünne Scheiben geschnitten
Wacholderbeeren
3 Zweige Thymian
4 Holzspießchen

In Hafermehl gebratene Forelle

Hafermehl ist die perfekte Ergänzung zu öligen Fischen.

Die Fische säubern, durch Milch ziehen und im Hafermehl wenden. In einer Pfanne Schmalz oder Butter erhitzen und die Forellen 5 Minuten je Seite goldgelb braten. Nach dem Garen salzen und mit *Oatcakes* (siehe S. 96) servieren.

Zutaten für 4 Personen

4 x 500 g Forelle oder Hering
Milch
25 g grobes Hafermehl
2 EL Schmalz oder Butter
Salz

Mussel Brose

Die an der Küste lebenden Highlander kochten Schalentiere vorzugsweise in Milch.

Zutaten für 4 Personen

1,5 kg Muscheln
2 EL Hafermehl, geröstet
1 Zwiebel, fein gehackt
2 EL Butter
300 ml Vollmilch
2 EL Petersilie

Die gereinigten Muscheln für 2 Stunden in Wasser legen, spülen, bis aller Sand verschwunden ist. Die Muscheln, die sich nicht geschlossen haben, entsorgen! Das Hafermehl in der Pfanne bei schwacher Hitze goldgelb rösten. Die Muscheln in 300 ml kochendes Wasser geben, schnell mit einem Deckel verschließen, den Topf einmal gut durchrütteln und die Muscheln sieden, bis sich die Schalen geöffnet haben. Anschließend abseihen, die Flüssigkeit dabei auffangen, beiseitestellen und das Muschelfleisch aus den Schalen entfernen.

Die Zwiebel in der Butter goldgelb dünsten, das geröstete Hafermehl, die Milch und den Muschelsud dazugeben, erwärmen, bis die Brühe etwas andickt. Das Muschelfleisch hinzufügen und ein paar Minuten lang erwärmen und mit frischer Petersilie garniert servieren.

Potted Shrimp

„Potted"-Gerichte lassen die uralte Konservierungstechnik für Meeresfrüchte und Fisch, wie etwa Lachs und Forelle, erkennen, in dem man sie in Butter aufbewahrte. Diese Technik war im 17. Jahrhundert sehr beliebt.

Zutaten für 4 Personen

150 g klare Butter
100 g ungesalzene Butter
½ TL Cayennepfeffer
400 g gekochte Krabben

Um klare Butter zu bekommen, erhitzt man die Butter auf kleiner Flamme, siebt den Schaum ab und gießt die flüssige Butter vorsichtig in ein Gefäß. Dabei aufpassen, dass der milchige Satz im Topf zurückbleibt. Die klare Butter in den Kühlschrank stellen. Die ungesalzene Butter auf kleiner Flamme erhitzen, den Pfeffer und die Krabben dazugeben und ein paar Minuten lang alles unter Rühren erwärmen, nicht kochen. Die Mischung in kleine Schüsseln geben und für 1 Stunde in den Kühlschrank stellen. Wenn sie erhärtet ist, mit klarer Butter bedecken (muss eventuell erwärmt werden). Mit *Oatcakes* (siehe S. 96), *Bere Bannocks* (siehe S. 94) oder *Seetangkeksen* (siehe S. 83) servieren.

Lachs in grüner Sauce

Im 18. Jahrhundert war Lachs in grüner Sauce in den Highland-Haushalten sehr beliebt.

Zutaten für 4 Personen

200 g Spinatblätter, fein gehackt (wahlweise Sauerampfer)
150 ml trockener Weißwein
4 Lachssteaks
40 g Butter
300 ml Sahne

Den fein gehackten Spinat im Weißwein garen lassen, Flüssigkeit reduzieren lassen. Die Lachssteaks vorsichtig mit Butter in einer Pfanne von beiden Seiten braten, die Sahne und den Spinat dazugeben und weitere 5 Minuten garen. Den Lachs auf dem Spinat servieren.

Kippered Lachs

Im Schottland des 15. Jahrhunderts wurde die Methode, bei der alte abgelaichte Lachse, die ihre letzte monumentale Reise hinter sich hatten, in der Mitte gespalten, gesalzen und getrocknet wurden, „kippering" genannt.

Nicht jeder verfügt über einen Räucherofen, und mit diesem Vorgang erhält man ein Produkt, das als Graved Lachs gegessen, luftgetrocknet oder zu Kipper weiterverarbeitet werden kann.

Zutaten für 4 Personen

200 g grobes Meersalz
300 g Zucker
1 Lachshälfte mit Haut

Für die Pökelmischung Salz und Zucker vermischen. Ein großes Stück Alufolie auf ein Küchenbrett legen, die Hälfte der Mischung darauf verteilen und die Lachshälfte darauflegen. Die restliche Mischung auf dem Lachs verteilen, sicherstellen, dass der Lachs vollkommen mit der Pökelmischung bedeckt ist. Jetzt fest mit der Alufolie verschließen, in eine Schüssel legen und mit einem Brett beschweren. Für 3–4 Tage in den Kühlschrank stellen und den Fisch täglich wenden. Für Graved Lachs Salz und Zucker von dem Lachs entfernen, in dünne Scheiben schneiden und mit *Senfsauce* (siehe S. 108) und *Bere Bannocks* (siehe S. 94) servieren.

Um Kipper herzustellen, muss der Fisch nach dem Pökeln 2 Tage (oder länger, bis er trocken ist) an einem kühlen, windigen Ort aufbewahrt werden. Anschließend 8–16 Stunden lang bei 25 °C kalträuchern.

Kipper 10 Minuten in einem Topf mit Wasser sieden lassen, mit Butter und hart gekochten Eiern servieren.

Hummer à la Hebriden

Dieses Rezept von den Hebriden ist genau, wie es sich für das delikate, süße Fleisch des schottischen Hummers gehört: schlicht und einfach!

Zutaten für 2 Personen

1 lebender Hummer (600–700 g)
etwas Sahne

In einem großen Topf so viel Wasser zum starken Kochen bringen, dass es den Hummer ganz bedecken kann. Den lebenden Hummer mit dem Kopf zuerst in das kochende Wasser geben und 15 Minuten lang kochen. Anschließend aus dem Wasser nehmen und abkühlen lassen.

Die Scheren entfernen, den Hummer mit der Bauchseite nach unten auf ein Schneidebrett legen. Im oberen Bereich den Panzer mit einem scharfen, stabilen Messer durchstechen und vom Rücken der Länge nach zum Schwanz durchschneiden. Den Darm, der sich durch den Schwanz zieht, entfernen. Den Kopf zwischen den Augen zertrennen und den Magensack, der sich direkt hinter dem Kopf des Hummers befindet, mit einem Löffel entfernen. Die Scheren aufbrechen und das Fleisch entnehmen. Aus den anderen Teilen ebenfalls das Fleisch herauslösen und nach Geschmack mit etwas Sahne verfeinern. Mit *Seetangkeksen* (siehe S. 83) servieren.

Gebratener Fischrogen Portessie

Dorschrogen wurde nie weggeworfen, sondern mit Hafermehl vermischt zu Knödeln oder Füllungen verarbeitet, gekocht oder gebraten. Dieses Gericht ist noch heute in den Fischerdörfern der Ostküste sehr beliebt und wird mit knusprigen Speckscheiben genossen.

Zutaten für 4 Personen

500 g Dorschrogen
2 EL feines Hafermehl
1 EL Butter

Den Rogen zum Kochen bringen, sofort auf die geringste Stufe schalten und sehr vorsichtig 30 Minuten lang garen. Etwas abkühlen lassen, in feinem Hafermehl wenden und in der Butter goldgelb braten. Mit gekochten Kartoffeln, Petersilie, scharfem Senf und natürlich knusprigen Speckscheiben servieren.

Frisch gepökelter Dorsch

Falls Stockfisch nicht erhältlich ist, hier eine schnelle und einfache Alternative zur Herstellung von Cabbie Claw.

Zutaten für 4 Personen

Ausreichend Meersalz, um den Fisch damit vollständig zu bedecken
1 kg Dorschfilet mit Haut

Meersalz in eine Schüssel füllen (1 cm hoch), Fischfilet darauflegen, alles vollständig mit Salz bedecken und mit einem Deckel verschließen. Über Nacht in den Kühlschrank stellen, anschließend die Filets gut mit Wasser abspülen und noch für eine Stunde in Wasser einweichen. Die Filets sind jetzt zur Weiterverarbeitung vorbereitet.

Cabbie Claw

Der Name dieses Rezepts von der Nordostküste rührt vermutlich vom französischen Begriff für Kabeljau, „Cabillaud", her.

Zutaten für 4 Personen

1 kg Dorsch, frisch gepökelt

Für die Sauce

50 g Butter
50 g Mehl
250 ml Milch
250 ml Fischfond
3 Eier, hart gekocht und gehackt
2 EL Dill oder Petersilie, gehackt
1 EL Meerrettich, frisch gerieben

Kein Salz hinzufügen!

Den gepökelten Dorsch für eine Stunde in Wasser einweichen, anschließend in frischem Wasser sieden, bis er gar ist. Den Fisch aus dem Wasser heben und den Fond aufheben. Eine Mehlschwitze aus Butter und Mehl herstellen, die Milch einrühren und anschließend mit Fischfond auffüllen, bis die Sauce die gewünschte Konsistenz hat. Die gehackten Eier und Dill oder Petersilie untermischen und den Fisch zum Erwärmen dazugeben. Mit Pastinakengemüse und Meerrettich servieren.

Crappit heids

Dorschköpfe wurden niemals weggeworfen, sondern traditionell mit Hafermehl, Rogen, Fischleber und später sogar mit Krebs- und Hummerfleisch gefüllt. Der „Crappit" ist die Füllung. Ursprünglich wurden die Köpfe gekocht, in diesem Rezept sind sie allerdings gebacken.

Zutaten für 2 Personen

1 großer Dorschkopf
2 TL Petersilie, gehackt, und einige Stängel
1 Bund Thymian
3 Knoblauchzehen
Meersalz
4 Frühlingszwiebeln, klein geschnitten
50 g Hafermehl
80 g Krebsfleisch oder Dorschrogen
3 TL Milch
1 TL Butter

Den Ofen auf 220 °C vorheizen.

Den Kopf waschen und trocknen. Auf ein mit Petersilienstängeln ausgelegtes Backblech geben. Ein paar Einschnitte im Kopf mit Thymian und Knoblauch füllen, den Rachen ebenfalls mit Thymian füllen. Den Kopf mit Meersalz bestreuen. Aus Petersilie, Frühlingszwiebeln, Hafermehl, Krebsfleisch oder Rogen und Milch die Füllung herstellen und den Kopf damit füllen. Die Butter schmelzen und über den Kopf gießen. 30–40 Minuten lang im Ofen backen, bis der Dorschkopf schön braun ist. Mit der Füllung und *Colcannon* (siehe S. 78) servieren.

Dorsch in Senfsauce

Dorsch in Senfsauce war ein in ganz Schottland beliebtes Gericht, das den nordischen Einfluss zeigt.

Bei der Verwendung von gepökeltem Dorsch diesen abwaschen und für 1 Stunde in Wasser einlegen. Den Dorsch auf die Petersilienstängel in einen Topf mit der Milch geben und 5–10 Minuten lang garen lassen. Die Petersilienblätter oder den Dill fein hacken. Nach 5 Minuten 5 Esslöffel von der Flüssigkeit nehmen und in einem separaten Topf mit dem Senfpulver verrühren, die Sahne und die gehackte Petersilie unterrühren und den Fisch dazugeben. Alles kurz erwärmen und mit *Seetangkeksen* (siehe S. 83) oder Pastinakengemüse servieren.

Zutaten für 4 Personen

1 kg Dorschfilet, frisch oder gepökelt
1 Bund Petersilie oder Dill
500 ml Milch
2 TL scharfes englisches Senfpulver
200 ml Sahne

Makrele in Senf

Zutaten für 4 Personen

4 Makrelen, gesäubert,
Kopf und Schwanz entfernt
1 TL Salz
2 TL Butter
2 EL Essig
1 TL Senfpulver

Den Grill vorheizen.

Kleine Einschnitte in die Seiten der Fische machen und die Makrelen von innen mit Salz einreiben. Die Butter in der Pfanne schmelzen, den Essig und das Senfpulver einrühren, den Fisch gut darin wenden. Anschließend die Makrelen in eine Grillpfanne geben und unter dem heißen Grill von jeder Seite 5 Minuten grillen. Mit *Colcannon* (siehe S. 78) servieren.

Stockfisch mit Milch

Dieser harte, getrocknete Fisch, der wie ein trockenes Brot aussieht, schmeckt ausgezeichnet und wird heutzutage in der venezianischen Küche hoch geschätzt.

Zutaten für 4 Personen

1 kg Stockfisch
1 Zwiebel, gewürfelt
50 g Butter
300 ml Vollmilch
1 Handvoll Petersilie

Kein Salz hinzufügen!

Den Fisch zuerst unter kaltem Wasser abwaschen und dann weichklopfen. Jetzt an einem kühlen Ort für 48 Stunden in Wasser einlegen, das Wasser regelmäßig wechseln. Nach dem Einweichen den Fisch in mundgerechte Stücke zerkleinern und die Gräten entfernen. Die Zwiebel mit Butter goldgelb andünsten, den Fisch, die Milch und die Petersilie dazugeben. Bei geringer Hitze ohne Deckel garen lassen, bis die Milch absorbiert ist. Mit Kartoffelbrei und Butter servieren.

Kapitel 3

Gemüsegerichte

Grünkohl

Grünkohl gehörte zu den Hauptnahrungsmitteln und wurde oft mit Bere Bannocks serviert.

Zutaten für 4 Personen

500 g Grünkohl
1 EL Hafermehl
Salz
100 ml Sahne

Die Stängel vom Grünkohl entfernen. Den Kohl mit Wasser bedecken und 30 Minuten (bis er gar ist) köcheln. Danach gut abtropfen lassen und fein zerhacken. Zurück in den Topf geben, Hafermehl, Salz und Sahne hinzufügen und weitere 5 Minuten köcheln. Mit *Bere Bannocks* (siehe S. 94) servieren.

Colcannon

Colcannon ist das traditionelle Gemüsegericht zu Fleisch- und Fischeintöpfen sowie Haggis.

Die Rüben in leicht gesalzenem Wasser 10 Minuten kochen, die Kartoffeln und den Kohl dazugeben und weitere 20 Minuten (bis die Kartoffeln gar sind) köcheln. Abgießen und das Restwasser auf schwacher Hitze abdämpfen. Mit Butter und Sahne zu einem Brei verarbeiten. Schnittlauch oder Petersilie dazugeben und zu *Haggis* (siehe S. 38), gepökeltem Fleisch oder Fischgerichten servieren.

Zutaten für 6 Personen

250 g Steck- oder Kohlrüben, geschält und gewürfelt
Salz
500 g Kartoffeln, geschält und gewürfelt
250 g gehackter Kohl
25 g Rinderschmalz oder Butter
100 ml Sahne
Schnittlauch oder Petersilie, fein gehackt

Brennnesselsuppe

Brennnesseln waren eine unverzichtbare Vitaminquelle und wurden am besten im Frühjahr und im Frühsommer gesammelt, ehe sie Blüten trieben.

Zutaten für 4 Personen

500 g junge Brennnesselspitzen oder Spinat
2 Zwiebeln, fein gehackt
100 g Butter
500 g Kartoffeln, geschält und gewürfelt
Salz
900 ml Hühner- oder Rinderbrühe
2 EL Liebstöckel, fein gehackt
500 ml Vollmilch oder Sahne

Die Brennnesseln waschen und von den harten Stielen befreien. Die Zwiebeln in der Butter im Topf goldgelb anbraten. Die Kartoffeln, die Brennnesseln, nach Geschmack Salz und die Brühe dazugeben und 20 Minuten köcheln lassen. Die Suppe in der Küchenmaschine durchmixen, Liebstöckel und Milch oder Sahne hinzufügen, alles zusammen nochmals kurz erwärmen und mit *Bere Bannocks* (siehe S. 94) oder *Oatcakes* (siehe S. 96) servieren.

Gekochte oder geröstete Zwiebel à la Hebriden

Gegrillte Zwiebeln waren, zusammen mit Oatcakes, Käse oder Salzhering, ein gängiges Abendessen. Gekochte Zwiebeln gaben eine leckere Tunke für Mealie Pudding oder Bere Bannocks ab.

Zutaten für 4 Personen

500 g Zwiebeln
200 ml Rinderbrühe
1 TL feines Hafermehl

Die Zwiebeln schälen und in der Rinderbrühe köcheln, bis sie gar sind. Anschließend mit Hafermehl andicken und nach Belieben abschmecken. Für geröstete Zwiebeln diese einfach mit der Schale 45 Minuten lang bei 180 °C im Ofen garen.

Seetangsuppe Ullapool

Seetang war eine wertvolle Nährstoffquelle für die Suppen der Westküste. Am besten sammelte man ihn von Mai bis September in sehr reinem Wasser. Alternativ zu frischem Seetang kann auch getrockneter verwendet werden.

Zutaten für 4 Personen

250 g frischer Lappentang (Dulse),
oder 75 g getrockneter Lappentang (Dulse),
oder 10 g getrockneter Knorpeltang (Carragheen)
1,5 l Vollmilch
400 g Kartoffeln
1 EL Butter
1 EL Liebstöckel

Den getrockneten Seetang vor Gebrauch für mindestens 1 Stunde in Wasser legen und dann gut unter fließendem Wasser abspülen, frischen Seetang für mindestens 2 Stunden einlegen und ebenfalls abspülen. Seetang, Milch und Kartoffeln in einen Topf geben, zum Kochen bringen und köcheln lassen, bis die Kartoffeln gar sind. Jetzt alles zerstampfen oder in der Küchenmaschine mixen. Butter und Liebstöckel dazugeben und mit *Bere Bannocks* (siehe S. 94) oder *Oatcakes* (siehe S. 96) servieren.

Gegrillter Seetang

Gegrillter Seetang wurde als salziges Gewürz zur Geschmacksverbesserung von milden Gerichten, die auf Hafermehl oder Kartoffeln basierten, verwendet.

Den Lappentang (Dulse) über der Glut oder unter dem Grill rösten, bis er grün und knusprig ist. Entweder heiß mit etwas Essig genießen oder als Gewürz für Kartoffelbrei oder gekochte Kartoffeln verwenden.

Seetangkekse

Zutaten für 4 Personen

15 g getrockneter Knorpeltang (Carragheen)
1 EL Butter
4 Frühlingszwiebeln, klein gehackt
75 g Hafermehl

Den Seetang vor Gebrauch 1 Stunde in Wasser einlegen, abspülen und gut abtropfen lassen. Die Butter in einer Pfanne schmelzen, die Frühlingszwiebeln kurz darin andünsten und den Seetang ein paar Minuten mit dünsten. 50 ml Wasser und Hafermehl unterrühren und das Ganze 5 Minuten garen. Vom Herd nehmen, etwas abkühlen lassen und zu einer Teigkugel formen. Auf einem mit Hafermehl bestreuten Brett mit den Händen zu einer Scheibe (1 cm dick) formen und in vier Teile schneiden. Bei mittlerer Hitze 5 Minuten je Seite braten. Zu Fischgerichten wie zum Beispiel *Dorsch in Senfsauce* (siehe S. 73) servieren.

Tattie Scones

Zutaten für 4 Personen

500 g Kartoffelbrei
100 g Mehl
50 ml Milch
1 EL Butter
Salz

Alle Zutaten zu einem Teig verarbeiten und auf einem bemehlten Brett oder Tisch zu Scheiben (5 mm dick) formen. Diese mit einer Gabel mehrmals einstechen und in einer heißen, leicht gefetteten Pfanne goldgelb braten. Mit Butter und Honig servieren.

Stovies

Der Name dieses uralten Gerichtes stammt vom französischen Wort „étuver" (dämpfen) ab.

Zutaten für 4 Personen

50 g Rinderschmalz oder Butter
2 große Zwiebeln, fein gehackt
700 g Kartoffeln, geschält
Salz
1 TL Thymian, getrocknet
5 EL Rinderbrühe

Das Fett in einem Topf erhitzen und die Zwiebeln darin goldgelb andünsten. Die Kartoffelscheiben schichtweise darauf geben, mit der Brühe angießen und mit Salz und Thymian abschmecken.

Den Topf mit dem Deckel fest verschließen und alles bei schwacher Hitze garen (etwa 1 Stunde). Sollten die Kartoffeln am Boden kleben, zwischendurch etwas Brühe dazugeben. Mit *Collops* (siehe S. 46) servieren.

Pease Pudding

Auf Orkney, wo der nordische Einfluss am stärksten war, wurde Pease Pudding traditionell zu eingelegtem Schweinefleisch oder Dorsch in Senfsauce gegessen.

Zutaten für 4 Personen

400 g getrocknete Schälerbsen
1 große Zwiebel, fein gehackt
1 kleiner Bund frischer Thymian oder
1 TL getrockneter Thymian
1 EL Liebstöckel
1 EL Petersilie

Die Erbsen, die Zwiebel und alle Kräuter mit Ausnahme der Petersilie eine Stunde lang in 1 l Wasser kochen, bis die Erbsen gar sind. Gegebenenfalls Wasser nachgießen. Die Erbsen zu einem Brei stampfen und mit der frischen Petersilie servieren.

Kapitel 4

Getreidegerichte

Porridge

Jahrhundertelang war Porridge eines der Hauptnahrungsmittel der Highlander. Er wurde oft in einer Schublade (porridge drawer) kalt gelagert und dann über einem Grill geröstet, in Scheiben geschnitten und gegessen.

Zutaten für 4 Personen

1 Prise Salz
80 g mittelgrobes Hafermehl

800 ml Wasser mit etwas Salz zum Kochen bringen und das Hafermehl mit einem Holzlöffel unter ständigem Rühren hinzufügen. Auf kleiner Flamme 10 Minuten quellen lassen.

Traditionell wurde Porridge mit einem Holzlöffel gegessen, dazu gab es Sahne, in die der Löffel eingetaucht wurde. Wer es süßer mochte, nahm Honig dazu.

Mealie Pudding

Mealie Pudding wurde traditionell zu Eintöpfen gegessen.

Zutaten für 4 Personen

200 g feines Hafermehl
100 g Rindertalg oder vegetarischer Talg
60 g Haferflocken
2 Zwiebeln, fein gehackt
1 TL Thymian, getrocknet
½ TL Salz

Alle Zutaten zu einem Teig verarbeiten, dabei nur so viel Wasser verwenden, dass ein gut bindender Teig entsteht. Den Teig in ein Keramikgefäß füllen, mit einem Musselintuch abdecken und dieses mit einem Gummiband fixieren. Das Gefäß in einen Topf mit kochendem Wasser stellen (das Gefäß sollte zu drei Vierteln im Wasser stehen). Mit einem gut schließenden Deckel abdecken und in leicht siedendem Wasser 1½ Stunden garen.

Bere Bannocks

Dies ist ein uraltes, traditionelles Fladenbrotrezept. Die Bannocks sollten heiß mit etwas Butter zu einer Brühe gegessen werden.

Zutaten für 8 Personen

375 g Gerstenmehl
275 ml Buttermilch
½ TL Salz
25 g Butter
Fett für die Pfanne

Mehl, Buttermilch und Salz mischen, die Butter schmelzen und in die Mischung geben. Alles zu einem Teig verkneten und zu einer Kugel formen. Auf einem bemehlten Brett dünn ausrollen, mithilfe eines Frühstückstellers Kreise ausstechen und diese dann vierteln. Eine sehr leicht gefettete Pfanne oder eiserne Grillplatte auf mittlere Hitze erwärmen, die Bannocks hineingeben, die Hitze verringern und 5 Minuten lang von beiden Seiten backen, bis sie leicht gebräunt sind.

Oatcakes

Oatcakes werden traditionell auf einer gusseisernen Platte gebacken. Anders als Bere Bannocks sind die Oatcakes hart und ähneln eher Keksen.

Zutaten für 4 Personen

225 g feines Hafermehl
½ TL Backpulver
½ TL Salz
25 g Butter, geschmolzen
Fett fürs Backblech

Ein Backbrett oder eine Tischplatte mit etwas Hafermehl bestäuben. In einer Schüssel aus Hafermehl, Backpulver, Salz, geschmolzener Butter und 125 ml kochendem Wasser einen gut bindenden Teig herstellen und zu einer Kugel formen. Diese mit den Händen auf dem Backbrett flach drücken und ausrollen, der Teig sollte 3 mm dick sein. Anschließend in 8 Keile oder Stücke schneiden und im Ofen auf einem leicht gefetteten Backblech 15–20 Minuten lang bei 180 °C backen. Auf einem Gitter abkühlen und hart werden lassen.

Wenn man eine Grillplatte verwendet, diese auf mittlere Hitze erwärmen, leicht mit Mehl bestäuben und die Oatcakes für 5 Minuten nur von einer Seite backen. Danach 20 Minuten lang bei 150 °C backen, bis die Oatcakes hart sind. Mit Käse oder Hough servieren.

Kapitel 5

Nachspeisen

Seetang-Pudding

Zutaten für 4 Personen

50 g frischer Knorpeltang (Carragheen), oder 15 g getrockneter Knorpeltang (Carragheen)
600 ml Vollmilch
1 EL Honig
300 ml Sahne

Den getrockneten Seetang vor Gebrauch für mindestens 1 Stunde in Wasser legen und dann gut unter fließendem Wasser abspülen, frischen Seetang für mindestens 2 Stunden einlegen und ebenfalls abspülen. Seetang mit der Milch in einen Topf geben und für 30 Minuten vorsichtig sieden lassen. Die Masse sieben, wenn sie beginnt zu gelieren, den Honig und die flüssige Sahne unterrühren und zum Kühlen in den Kühlschrank stellen.

Mit frischen Beeren oder *gekochten Stachelbeeren* (siehe S. 101) servieren.

Gekochte Stachelbeeren

Zutaten für 4 Personen

500 g Stachelbeeren
Zucker oder Honig nach Belieben

Die Stachelbeeren waschen, putzen und in 2 Esslöffel Wasser garen. Nach Geschmack Zucker oder Honig dazugeben. Mit *Seetang-Pudding* (siehe S. 100) servieren. Für Stachelbeersauce alles durch ein Sieb streichen und zu öligem Fisch wie Makrele oder Hering servieren.

Stapag

Dieses uralte Nachtischrezept kam ursprünglich während der Erntezeit zur Anwendung. Die Sahne wurde mit einem Stock, der einen Ring aus Kuhhaaren an seinem Ende hatte, aufgeschäumt. Die alten Scottish Syllabubs wurden genauso gemacht, nur ohne die Zugabe von Hafermehl.

Zutaten für 4 Personen

60 g Hafermehl
500 ml Sahne
4 EL Malt Whisky
4 EL flüssiger Honig

Das Hafermehl bei schwacher Hitze in der Pfanne golden rösten. Die Sahne leicht schaumig schlagen (muss Spitzen formen), Whisky und Honig vorsichtig einrühren und das Hafermehl unterheben. Die Masse für 1 Stunde in den Kühlschrank stellen und mit Himbeeren servieren.

Shortbread

Shortbread ist ein Gebäck auf Butterbasis für festliche Gelegenheiten, für dessen Zubereitung nur die besten Zutaten verwendet wurden. Shortbread wurde traditionell an Hogmanay serviert und für die Zubereitung wurde nur die beste Butter verwendet.

Zutaten für 4 Personen

125 g feiner Zucker
225 g Butter
1 Prise Salz
225 g Weizenmehl
125 g Reis- oder Stärkemehl
zum Dekorieren feiner Zucker
oder, traditionell, Kümmel

Den Zucker mit der Butter und dem Salz schaumig rühren, das Weizenmehl mit Reis- oder Stärkemehl mischen und mit der Butter-Zucker-Mischung mit den Händen zu einem Teig verkneten. Bei der Herstellung von Shortbread den Teig so wenig wie möglich bearbeiten, damit dieser eine leicht krümelige Struktur behält. Den Teig zu 5 cm dicken Rollen formen, in Folie wickeln und für 1 Stunde in den Kühlschrank legen.

Den Ofen auf 180 °C vorheizen.

Nach dem Kühlen die Rollen in Zucker und/oder Kümmel wälzen und in 5 mm dünne Scheiben schneiden. Nach Geschmack können die Keksoberflächen auch noch bestreut werden.

Ein Backblech mit Backpapier auslegen und die Shortbreads mit etwas Abstand darauf für 20 Minuten backen, bis sie leicht golden sind. Auf einem Gitter abkühlen lassen.

Baked Custard

Die Eier leicht aufschlagen und mit dem Zucker verrühren. Die Milch erwärmen und über die Eiermasse gießen. Alles durch ein Sieb in eine Keramikschüssel seihen. Die Schüssel in einen Topf mit heißem Wasser stellen und 40 Minuten lang bei 130 °C auf der untersten Schiene im Ofen backen.

Warm mit Blaubeeren oder Himbeeren servieren.

Zutaten für 4 Personen

3 Eier
15 g feiner Zucker
250 ml Vollmilch

Florentiner mit Äpfeln und Kartoffeln

Dieses Rezept basiert auf „Florentine of Apples with Potatoes or Chastines" aus Jean Robinsons Pastetenkochbuch, Elgin, 1743. Ein solcher Nachtisch wurde an der Tafel des Lairds serviert.

Zutaten für 4 Personen

1 EL Butter
300 g Kartoffeln
500 g Äpfel
200 g Zucker
100 g Mandelstifte
100 g Rosinen
100 g Sultaninen
geriebene Schale von 2 Zitronen
geriebene Schale von 2 Orangen
1 TL Zimt
100 ml Weißwein
350 g Blätterteig
1 Ei

Den Backofen auf 200 °C vorheizen. Den Boden einer Glasform ausbuttern. Die Kartoffeln mit der Schale kochen, schälen und in Scheiben schneiden. Das Kerngehäuse aus den Äpfeln stechen und diese ebenfalls in Scheiben schneiden. Eine Schicht Kartoffeln in die Form geben, mit etwas Zucker, Mandeln, Rosinen, Sultaninen, Zitrusabrieb und Zimt bestreuen, dann eine Schicht Äpfel darüber legen und ebenfalls bestreuen. So fortfahren, bis alle Zutaten aufgebraucht sind, und den Wein darübergießen. Den Blätterteig ausrollen und mit einem scharfen Messer so ausschneiden, dass er die Form bedeckt. Mit geschlagenem Ei bepinseln und backen, bis der Blätterteig schön hellbraun ist. Mit Sahne servieren.

Kapitel 6

Getränke

Atholl Brose

Ein uraltes Getränk, benannt nach dem Duke of Atholl, das den Unteroffizieren und Offizieren des Infanterieregiments Argyll and Sutherland Highlanders zu Hogmanay kredenzt wurde.

Das Hafermehl für 1 Stunde in 300 ml Wasser einweichen, durch ein feines Sieb in eine Schüssel pressen, die Flüssigkeit dabei auffangen. Den Honig und den Whisky in die Flüssigkeit rühren, in eine Glasflasche abfüllen und für 2 Monate ruhen lassen. In Likörgläsern servieren.

Zutaten

3 EL mittelgrobes Hafermehl
2 EL klarer Honig
300 ml Scotch Whisky

Oatmeal Posset

Zutaten für 6 Personen

600 ml Milch
2 EL Hafermehl
2 EL Heidehonig

Die Milch mit dem Hafermehl zum Kochen bringen, vom Herd nehmen und 10 Minuten ruhen lassen. Anschließend durch ein Sieb in eine Karaffe seihen und den Honig unterrühren. Warm oder kalt servieren.

Kapitel 7

Saucen

Meerrettichsauce

Zutaten für 4 Personen

3 EL frischer Meerrettich, fein gerieben
150 ml saure Sahne, Quark oder Crème fraîche
Salz nach Belieben

Alle Zutaten vermischen – fertig!

Senfsauce

Zutaten für 4 Personen

2 EL scharfer Senf
2 EL Essig
2 EL Honig
2 EL Sahne

Auch hier einfach alle Zutaten vermischen und fertig!

Bibliographie

Rezeptnachweise

Dickson Wright, Clarissa/Crichton-Stuart, Henry: *Hieland Foodie*. Edinburgh, 1999.

Eastoe, Jane: *Wild Food*. London, 2008.

Edington, Sarah: *Complete Traditional Recipe Book*. London, 2006.

Fenton, Alexander: *The Food of the Scots. A Compendium of Scottish Ethnology*. Edinburgh, 2007.

Fitzgibbon, Theodora: *A Taste of Scotland*. New York, 1970.

Geddes, Olive M.: *The Laird's Kitchen. Three Hundred Years of Food in Scotland*. Edinburgh, 1994.

Lawrence, Sue: *Scots Cooking*. London, 2000.

MacLeod, Iseabail (Hg.): *Mrs. McLintock's Receipts for Cookery & Pastry-Work*. Aberdeen, 1976.

Macrae, Sheila: *Traditional Scottish Cookery*. Marlow, 2001.

McNeill, F. Marian: *The Scots Kitchen. Its Traditions and Lore with Old-Time Recipes*. Edinburgh, 1929.

Paterson, Judy: *The Scottish Cook*. Edinburgh, 1995.

Sandler, Nick/Acton, Johnny: *Preserved*. London, 2009.

Trotter, Christopher: *The Scottish Kitchen*. London, 2004.

Geschichte des Essens

Fenton, Alexander: *The Food of the Scots. A Compendium of Scottish Ethnology*. Edinburgh, 2007.

Fenton, Alexander: *Our Rural Past*. Edinburgh, 1987.

Geddes, Olive M.: *The Laird's Kitchen. Three Hundred Years of Food in Scotland*. Edinburgh, 1994.

Grant, Isobel: *Highland Folk Ways*. London, 1961.

Hope, Annette: *A Caledonian Feast*. Edinburgh, 2002.

Johnson, Samuel/Boswell, James: *A Journey to the Western Islands of Scotland and The Journal of a Tour to the Hebrides (1773)*. London, 1984.

MacLean, Charles: *MacLean's Miscellany of Whisky*. London, 2007.

Macleod, Iseabail: Document 840 – Cereal Terms in the Dictionary of the Older Scottish Tongue Record (*https://www.scottishcorpus.ac.uk/document/?documentid=840*).

Reid, John (Hg.): *The Scots Gard'ner (1683)*. Edinburgh, 1988.

Summers, Gilbert: *Traditions of Scotland*. New Jersey, 1991.

Thornton, T.: *A Sporting Tour through the Northern Part of England and Great Part of the Highlands of Scotland*. London, 1804.

Highland-Geschichte

Arnold, Caroline: *Stone Age Farmers beside the Sea. Scotland's Prehistoric Village of Skara Brae*. New York, 1997.

Cameron, A. D.: *Go Listen to the Crofters. The Napier Commission and Crofting a Century Ago*. Stornoway, 1986.

Chadwick, Nora: *The Celts*. London, 1971.

Fojut, Noel: *Prehistoric and Viking Shetland*. Lerwick, 2016.

Haldane, A. R. B.: *The Drove Roads of Scotland*. Edinburgh, 1997.

Hunter, James: *Last of the Free. A Millenial History of the Highland and Islands of Scotland*. Edinburgh, 1999.

Maclean, Charles: *The Fringe of Gold. The Fishing Villages of the East Coast, Orkney and Shetland*. Edinburgh, 1985.

Patrick, Cochran: *Medieval Scotland*. Glasgow, 1892.

EBENFALLS BEI 

Ingeborg Scholz
KELTEN-KOCHBUCH
136 Seiten, Hardcover, 21 x 20 cm, ISBN 978-3-96481-005-2

Rannveig Moroldsdotter
KOCHEN WIE DIE WIKINGER
208 Seiten, Hardcover, 21 x 20 cm
ISBN 978-3-938922-31-6

Saeta Godetide
WIKINGER-KOCHBUCH
144 Seiten, Hardcover, 21 x 20 cm
ISBN 978-3-96481-003-8

Volker Bach
LANDSKNECHT-KOCHBUCH
152 Seiten, Hardcover, 21 x 20 cm
ISBN 978-3-96481-012-0

Andrea Gräuel/Stefan Müller
ALAMANNEN-KOCHBUCH
168 Seiten, Hardcover, 21 x 20 cm
ISBN 978-3-96481-027-4

Christian Eckert
GLADIATOREN-KOCHBUCH
128 Seiten, Hardcover, 21 x 20 cm
ISBN 978-3-938922-99-6

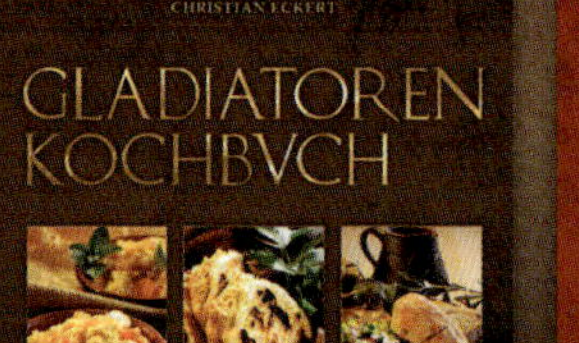

Edgar Comes
RÖMER-KOCHBUCH
128 Seiten, Hardcover, 21 x 20 cm
ISBN 978-3-938922-86-6

Tatjana Junker
LAGERKÜCHE
116 Seiten, Hardcover, 21 x 20 cm
ISBN 978-3-96481-000-7

WWW.ZAUBERFEDER.DE · WWW.ZAUBERFEDER-SHOP.DE